¡Encuéntralos en la naturaleza!

Las setas

por Jenna Lee Gleisner

Bullfrog en español

Ideas para padres y maestros

Bullfrog Books permite a los niños practicar la lectura de textos informativos desde el nivel principiante. Las repeticiones, palabras conocidas y descripciones en las imágenes ayudan a los lectores principiantes.

Antes de leer

- Hablen acerca de las fotografías. ¿Qué representan para ellos?
- Consulten juntos el glosario de las fotografías. Lean las palabras y hablen de ellas.

Durante la lectura

- Hojeen el libro y observen las fotografías. Deje que el niño haga preguntas. Muestre las descripciones en las imágenes.
- Léale el libro al niño o deje que él o ella lo lea independientemente.

Después de leer

- Anime al niño para que piense más. Pregúntele: El sombrero de una seta puede decirnos de qué tipo es. ¿Has visto una seta? ¿De qué color era su sombrero? ¿Cómo se veía?

Bullfrog Books are published by Jump!
5357 Penn Avenue South
Minneapolis, MN 55419
www.jumplibrary.com

Library of Congress Cataloging-in-Publication Data is available at www.loc.gov or upon request from the publisher.

ISBN: 979-8-88996-747-7 (hardcover)
ISBN: 979-8-88996-748-4 (paperback)
ISBN: 979-8-88996-749-1 (ebook)

Editor: Katie Chanez
Designer: Molly Ballanger
Translator: Annette Granat

Photo Credits: jopelka/Shutterstock, cover; Camptoloma/Shutterstock, 1; Potapov Alexander/Shutterstock, 3; LianeM/Shutterstock, 4, 23tm; Rejdan/Shutterstock, 5, 23bl; Robert Winkler/iStock, 6–7; martincristian/iStock, 8, 23bm; xpixel/Shutterstock, 9, 23tr; Machacekcz/iStock, 10–11; AleksandarMilutinovic/Shutterstock, 12–13; Nikolay 007/Shutterstock, 14–15, 23br; Arina P Habich/Shutterstock, 16; Fertnig/iStock, 17; Aleksander/iStock, 18–19, 23tl; whitewish/iStock, 20–21; Double Brain/Shutterstock, 22tl; WilleeCole Photography/Shutterstock, 22tm; ewaplesna/Shutterstock, 22tr; Valentina Razumova/Shutterstock, 22bl; milart/Shutterstock, 22bm; Davydenko Yuliia/Shutterstock, 22br; vitals/Shutterstock, 24.

Printed in the United States of America at Corporate Graphics in North Mankato, Minnesota.

Tabla de contenido

Caza las setas 4
Empareja las setas 22
Glosario de fotografías 23
Índice 24
Para aprender más 24

¡No las toques!
Pídele permiso siempre a un adulto antes de tocar o comerte una seta.

Caza las setas

¡Mira! ¡Setas!

Ellas crecen en la tierra.

Son hongos.

Los hongos crecen en lugares húmedos y sombreados.

hongos
ostra

Estos crecen en un árbol.

¡Cacemos más!

A lo de arriba se le llama sombrero.

Este sombrero es blanco.

El pie también es blanco.
¡Es un hongo de botón blanco!

Las chantarelas son amarillas.

Sus sombreros son ondulados.

Las colmenillas son altas.

Sus sombreros son grises.

¡Estos tienen formas divertidas!

Los agáricos de mosca son rojos con manchas blancas.

¡No los toques!

¿Por qué?

Tienen veneno.

¡Mira! Un bejín gigante.

Es blanco.

Es redondo.

¡Puede ser tan grande como una pelota de playa!

Este tiene capas.

Se le llama pollo del bosque.

¿Por qué?

¡Porque sabe a pollo!

Podemos tocar algunas setas.

Hasta nos comemos algunas.

¡Pero pide permiso primero siempre!

¿Te gustaría probar alguna?

Empareja las setas

Empareja cada seta con su nombre. ¡Busca la información en el libro si necesitas ayuda!

pollo del bosque

colmenilla

bejín gigante

hongo de botón blanco

agáricos de mosca

chantarela

Glosario de fotografías

capas
Niveles o espesores.

hongo
Cosas vivas que crecen en plantas o en materia en descomposición.

pie
El tallo donde crece el sombrero de una seta.

sombreados
Fuera de la luz o el brillo del sol.

sombrero
La parte superior de una seta, que está sentada sobre el pie.

veneno
Una sustancia que puede dañar o matar si se come o a veces incluso si se toca.

Índice

agáricos de mosca 15
bejín gigante 16
chantarelas 11
colmenillas 12
hongo 5
hongo de botón blanco 9
pie 9
pollo del bosque 18
sombrero 8, 11, 12
veneno 15

Para aprender más

Aprender más es tan fácil como contar de 1 a 3.

1. Visita www.factsurfer.com
2. Escribe “lassetas” en la caja de búsqueda.
3. Elige tu libro para ver una lista de sitios web.